AF189092

# Schweden

## lieben lernen

*Der perfekte Reiseführer für einen unvergessli-
chen Aufenthalt in Schweden inkl. Insider-Tipps
und Packliste*

## Flora Waldberg

# ✈ INHALT

Das erwartet Sie in diesem Buch     1

Anreise     3

*Mit dem Auto 4*

*Mit dem Bus 8*

*Mit der Bahn 9*

*Mit dem Flugzeug 10*

Unterkunft     12

*Hotels 13*

*Pensionat 19*

*Privatzimmer/B&B 19*

*Camping 20*

*Jugendherbergen 24*

*Ferienhäuser 26*

*Bauernhof 27*

Die schwedische Küche     28

*Smörgasbord 29*

*Spezialitäten 31*

*Hausmannskost 31*

*Cafés 32*

*Eis/Schokolade 34*

*Restaurants 34*

# Tierwelt 35

Mücken  36

Elche 37

Schlangen38

Rentiere  39

Bären39

Wölfe40

Meere und Küsten  40

# Aktivitäten 41

Wandern  42

Skifahren  46

Snowparks  47

Hundeschlitten Fahren 49

Schneemobil fahren  51

Schlittschuhlaufen 52

Andere „winterliche Aktivitäten"  53

Saunabesuche und das Eisloch  54

Mit dem Kajak durch Schweden 55

Weitere Bootsfahrten  57

Wildwasser Rafting  59

Wracktauchen60

Golf spielen  60

# Mentalität 63

# Urlaubsregionen 66

*Stockholm     67*

*Göteborg  70*

*Westschweden: Bohuslän   74*

*Südschweden  77*

*Nordschweden     83*

## Schweden lieben gelernt?          85

## Packliste          86

# Das erwartet Sie in diesem Buch

**B**ald sind Ferien. Der Urlaub beginnt und Sie wissen noch nicht, wohin die Reise dieses Jahr gehen soll? Dann fahren Sie doch nach Skandinavien! Genauer gesagt nach Schweden. In diesem Reiseführer kriegen Sie alles rund um Schweden erzählt und ich verspreche Ihnen, Sie werden, noch bevor Sie einmal dort waren, nur mit diesem Reiseführer das Land lieben und schätzen lernen. Egal ob mit oder ohne Hund, mit oder ohne Kinder, in diesem wunderschönen Land voller

Flüsse, glänzender Seen und prachtvoller Wälder ist für jeden etwas dabei.

Damit Sie sich den schönsten Urlaub aller Urlaube auch ermöglichen können, werden Sie Insidertipps bekommen. Außerdem werden Sie am Ende des Buches die schönsten Orte kennen sowie die Schweden und ihre Kultur näher kennengelernt haben. Natürlich erwarten Sie noch weitere Themen rund um Schweden, aber ich will ja nicht zu viel verraten. Also schauen Sie doch einfach mal rein und ich kann Ihnen jetzt schon sagen: Ihr nächster Urlaub ist so gut wie gebucht.

# Anreise

Natürlich hat jeder eine andere Vorstellung davon, wie man seinen Urlaub am besten beginnt. Und da es hier schon mit der Anreise losgeht, kann Schweden selbst hier mit der Vielfalt von Anreisemöglichkeiten punkten. Ob einen entspannten Flug nehmen und auf Wolke sieben schweben oder aber sich selbst in sein Auto setzen und auf der Fähre die frische Meeresbrise genießen, um zu entspannen, ist auch hier für jeden etwas dabei. Daher habe ich Ihnen hier die Möglichkeiten einmal kurz und knapp aufgelistet.

# MIT DEM AUTO

Die erste Möglichkeit ist, seine Reise mit dem Auto zu beginnen. Sein eigenes Auto mit in den Urlaub zu nehmen bietet viele Vorteile. Vor allem in Schweden können die Fahrten, je nachdem wo die Unterkunft liegt, lang werden. Diese Fahrten sind dann oft als längere Autofahrten quer durch die Wälder. Wer jetzt denkt, dass das langweilig ist, kann es gleich wieder vergessen. Denn diese Fahrten können extrem spannend sein. Auch ich konnte schon das Erlebnis machen, eine Elchkuh mit ihrem Kalb am Straßenrand zu sehen. Dies ist ein prägendes und wunderschönes Erlebnis für Ihre Kinder, welches aber auch Sie niemals wieder vergessen werden. Wenn Sie sich schlussendlich dazu entscheiden werden, stehen Ihnen verschiedene Reiserouten zur Verfügung. Hierbei hat jede Einzelne einen ganz besonderen Charakter und bietet Vor- aber auch Nachteile. Diese Routen stehen jedoch nicht nur dem Auto, sondern auch dem Wohnwagen, Wohnmobil, Motorrad und Fahrrad offen.

Der Stress, der Ihnen sonst bei längeren Autofahrten zufällt, wird Ihnen hierbei genommen, da der größte Teil der Routen meistens mit langen

Fährfahrten verbunden ist. Somit kann nicht nur Stress verhindert werden, auch ihr Urlaub wird schon früher beginnen, denn Sie können sich einfach nur zurücklehnen und müssen sich um nichts Weiteres mehr kümmern, als von Ihrem Urlaub in Schweden zu träumen.

**Tipp:** Vor allem mit einem Hund und Kindern sind Fährfahrten besonders entspannt. Meistens sind auf allen Fähren Hunde erlaubt und für die Kinder gibt es immer genug Möglichkeiten sich auszulasten. Ich selbst reise auch immer am liebsten mit meinem Hund mit der Fähre. Der Hund hat so immer genug Auslauf und muss nicht die ganze Zeit im stickigen Auto sitzen.

Für den Weg mit dem Auto können Sie zwischen verschiedenen Fähren wählen. Die größten Anbieter, um mit der Fähre nach Schweden zu fahren, sind hierbei meistens StenaLine und TT-Line. Um Ihnen eine Übersicht zu verschaffen, habe ich Ihnen noch einmal alle Routen aufgelistet.

**Über die Ostsee:**

1. *Stena Line*, die Route läuft hierbei von *Sassnitz auf Rügen* zum südschwedischen *Trelleborg*.

Die Fähre fährt sogar mehrmals täglich.

2. *StenaLine* und *TT-Line* bieten ebenfalls die gleiche Route ab *Rostock* an.

Auch diese Fähre fährt mehrmals täglich.

3. Ebenfalls von der *TT-Line* angeboten fährt eine weitere Fähre von *Lübeck-Travemünde* nach *Trelleborg.*

4. *Finnlines* Route verläuft zwischen *Lübeck-Travemünde* und *Malmö*.

5. *Stena Line* bietet zudem eine weitere Route an, die über Nacht von *Kiel* nach *Göteborg* fährt.

6. *Color-Line* bedient die tägliche Route von *Kiel* nach *Oslo*.

7. Und zu guter Letzt bietet die *TT-Line* eine weitere Route von *Polen (Swinoujscie)* nach *Trelleborg* an.

**Über Dänemark:**

Wenn Sie nicht nur das schöne Schweden, sondern auch Dänemark auf Ihrer Reise   erkunden wollen, gibt es noch weitere Varianten über Dänemark.

1. Die Vogelfluglinie von *Scandlines* über *Puttgarden* nach *Rødby* (Dänemark)

Von *Rødby* aus können Sie dann weiter nach *Kopenhagen* über die *Öresundbrücke* nach *Malmö* fahren. (Achtung: Um über die Öresundbrücke zu fahren müssen Sie bezahlen. Die Brückenmaut beträgt hierbei für einen PKW bis 6 Meter etwa 48 Euro) Sie können aber auch die Fähre von *Helsingør* nach *Helsingborg* nehmen.

2. Fast die gleiche Route können Sie mit der *Scandlines*-Verbindung von *Rostock* nach *Gedser* abfahren.

3. Mit der *StenaLine* steht Ihnen noch eine weitere Verbindung von *Grenå* nah *Varberg* zur Verfügung.

4. Außerdem noch von *Fredrikshavn* nach *Göteborg*.

# MIT DEM BUS

Eine Reise mit dem Bus nach Schweden ist ebenso empfehlenswert und sehr einfach zu bewältigen. Sehr empfehlenswert ist es hierbei mit dem FlixBus Fernbussen zu fahren. Diese Busse fahren in alle drei Metropolen Schwedens und ebenso in viele weitere Städte. Startpunkt ist dann meistens natürlich Deutschland.

Die Metropolen:

- Halmstad
- Jönköping
- Norköping
- Örebro
- Västerås
- Und viele weitere, da FlixBus sein Netz immer weiter ausbaut und optimiert (Momentan sind es über 100 Ziele)

Neben dem Vorteil, dass es nicht nur günstig und bequem ist, mit dem Bus nach Schweden zu fahren gelangen Sie auch, wenn sie dann in Schweden sind, innerhalb des Landes überall hin.

**Tipp:** Wenn Sie die öffentlichen Verkehrsmittel Schwedens in Ihrem Urlaub verwenden wollen, können Sie nach Verbindungen in diesem „Reiseroboter" nachschauen: reseplanerare.resrobot.se/index.html

## MIT DER BAHN

Wenn sie mit der Bahn reisen, sind die Deutsche Bahn sowie FlixTrain sehr zu empfehlen. Eine Bahnreise ist nicht nur bequem, sondern kann auch bei früher Buchung sehr günstig sein.

Wenn Sie sich dazu entscheiden mit der Deutschen Bahn zu reisen, können Sie schon ab einem Preis von 20 bis 30 € nach Schweden gelangen. Wenn ich mit der Bahn fahre, starte ich meistens ab Hamburg und fahre dann rüber, je nachdem wie ich möchte, nach Lund oder Malmö. Wenn Sie sich entscheiden von woanders zu starten, empfehle ich Ihnen sehr, einmal zum Deutschen Bahn Beratungscenter zu gehen und sich von dort aus Infos über Ihre zukünftige Reise zu holen.

Wenn Sie sich entscheiden mit FlixTrain zu reisen, könnten sie dies schon ab diesem Jahr tun. Denn FlixTrain hat sich dazu entschieden, ab diesem Jahr ihr Bahnnetz nach und innerhalb Schwedens auszubauen. Hierbei wird FlixTrain vor allem auf der Strecke zwischen Göteborg und Stockholm unterwegs sein.

Wenn Sie dann auch in Ihrem Urlaub Schweden mit der Bahn erkunden wollen, finden Sie auf schwedentipps.se Inspiration für Ihre Fahrten. Unter anderem werden Ihnen auf dieser Seite die 12 schönsten Bahnstrecken in Schweden aufgelistet und Ihnen wird die Inlandsbanan genauer vorgestellt. Die Inlandsbanan ist eine Eisenbahn, die sich auf einer Strecke von 1300 km durch das schwedische Binnenland vom Vänern bis nach Lappland fortbewegt.

## MIT DEM FLUGZEUG

Auch mit dem Flugzeug wird Ihre Reise nach Schweden sehr bequem verlaufen. Wenn Sie zudem nicht in den drei Metropolen Schwedens Urlaub machen wollen, ist die Entscheidung, mit dem Flugzeug zu reisen genau die Richtige für Sie.

Hier habe ich einige Verbindungen für Sie aufgelistet:

- Sie könnten nach Göteborg fliegen und von dort aus per Bus nach Jönköping fahren. Auch hier ist der

FlixBus wieder eine sehr günstige Alternative. Wenn Sie dann in Jönköping angelangt sind, können Sie ganz Småland entdecken.

- Wenn Sie sich dazu entscheiden nach Arlanda zu fliegen, könnten Sie nach Uppsala fahren und dort Ihren Urlaub verbringen.

- Wenn Sie ein Wanderfan sind, können Sie nach Skavsta fliegen und dem Sörmlandsleden (Wanderweg) direkt entdecken und loswandern.

# Unterkunft

Nicht nur bei der Anreise haben Sie die Qual der Wahl, sondern auch bei der Wahl Ihrer Unterkunft. Auch hier spiegelt sich die Vielfalt Schwedens in den Angeboten wider. Von luxuriösen Hotels und ein paar Nächten in einem Schloss, bis hin zu einer einfachen Nacht in einer Pension oder in einem kuscheligen Schlafsack auf dem Campingplatz unter dem Sternenhimmel Schwedens ist auch hier wieder für jeden etwas dabei. Sie haben die Wahl!

# HOTELS

In Schweden gibt es eine Menge Hotels. Zu beachten ist jedoch der Buchungszeitraum. Wer also einen günstigeren Urlaub machen möchte, sollte nicht zu spät buchen oder gar nicht erst ohne eine Buchung in einem Hotel erscheinen, denn das kann teuer werden. Für wahre Sparfüchse ist hier die Zeit vom Mittsommer bis Mitte August am günstigsten. Auch während der Hauptreisezeiten, also Juli/August, sollten Sie sich die Gelegenheit nehmen, ein Schnäppchen zu machen, denn dann werden die Preise meistens häufig drastisch gesenkt. Meistens besteht hier die Möglichkeit, noble Hotels für einen Preis von 30-35 Euro pro Nacht zu erwischen. Dieser Preis ist vergleichbar mit den Preisen eines sonst durchschnittlichen Hotels.

Tipp: Beliebte und seriöse Buchungsportale sind hierbei:

- Booking.com
- Hotels.com
- TUI
- Expedia
- Tripadvisor
- Ab-in-den-Urlaub.de

**Außergewöhnliche Hotels:**
Neben den normalen und/oder luxuriösen „Standard" Hotels in Schweden, können Sie auch eine Reihe von besonderen Hotels ausfindig machen und Ihren Urlaub so interessanter gestalten. Gerade weil diese Hotels meistens aufgrund ihrer Einzigartigkeit so beliebt sind, sind sie schnell ausgebucht und meistens auch teurer als „gewöhnliche" Hotels.
Buchen Sie also rechtzeitig im Voraus.
Damit Sie eine Vorstellung von diesen Hotels bekommen, habe ich Ihnen hier meine Top drei einmal aufgelistet.

1. Harads Baumhotel
In diesem wunderschönen Hotel Nordschwedens erleben Sie magische Nächte über einer

schneebedeckten, fast wie in Watte gepackten Landschaft. Es verbindet einmaliges und einzigartiges Design mit herausragender Architektur und schafft es somit auf die Toplisten der schönsten Hotels in Schweden. Die Unterkunft liegt eine knappe Stunde von Luleå entfernt und ist somit einfach und schnell zu erreichen. Für eine Nacht für zwei Personen geht der Preis hierbei ab 500 Euro aufwärts. Ein sehr hoch angesetzter Preis, wie man wahrscheinlich erst einmal denkt, aber auch ein gerechtfertigter. In dem Hotel werden Sie rund um die Uhr verwöhnt und es wird Ihnen an nichts fehlen. Es gibt WLAN, eine Sauna und einen Whirlpool. Das Küchenteam hat sich vor allem auf Wildgerichte sowie regionale Zutaten spezialisiert und zaubert Ihnen ein wundervolles Menü.

Zudem können hier vor allem aktive Urlauber sehr glücklich werden.

Im Sommer können Sie beispielsweise Wandern und Kajakfahren und im Winter mit Hundeschlitten durch den verzauberten, glitzernden Wald fahren.

Harads Baumhotel wurde direkt in den Baumkronen errichtet, um keine Bäume zu fällen und die Umwelt somit zu schützen. Auch die Einrichtung der Zimmer ist umweltfreundlich, gleichzeitig aber auch stilvoll und modern. Sie brauchen also kein schlechtes Gewissen haben, wenn Sie sich entscheiden hier Ihren Urlaub zu verbringen.

Genießen Sie einen magischen Urlaub und schlafen Sie inmitten der prachtvollen Baumkronen der Bäume in Ihrem weichen Bett ein, um Ihren wunderschönen Tag, den sie bis dahin erlebt haben, noch einmal Revue passieren zu lassen.

## 2. Eishotel Jukkasjärvi

Auch das Eishotel Jukkasjärvi liegt in Nordschweden. Eine wunderschöne Unterkunft geformt aus glänzendem Eis. Natürlich wird Ihnen trotz der Kälte ein hoher Komfort durch die vorhandenen Wärmestuben erhalten bleiben. Und auch hier können Sie wieder gegen einen Aufpreis die Sauna sowie den Whirlpool benutzen.

Jukkasjärvi hebt sich vor allem durch individuell eingerichtete Kältezimmer, mit einer Temperatur von bis zu -8 °, von anderen Hotels ab. Die Möbel sind hierbei von internationalen Künstlern handgefertigt. Auch hier werden Sie wieder wunschlos glücklich sein, denn von einem Flachbild-TV bis hin zum

WLAN sind Sie hier bestens ausgestattet. Auch in dieser Unterkunft werden Ihnen Menüs aus regionalen Zutaten gekocht, auf dessen Herstellung Sie während einem Aufenthalt in der Bar, mit einem Heißgetränk in einem Eisglas, warten können.

Für aktive Urlauber ist auch hier wieder vom Wandern und Angeln bis hin zum Hundeschlitten fahren alles mit dabei. Empfehlenswert ist vor allem der Aufenthalt im Winter, da Sie hier die Chance bekommen, die prachtvollen Nordlichter zu beobachten.

Ein Flughafen ist 14 km von der Unterkunft entfernt, zu dem Sie jedoch einfach mit einem Shuttleservice gelangen werden. Der Preis liegt hierbei im Durchschnitt bei 800 Euro pro Nacht. Dieser zahlt sich jedoch aus und ist nicht unberechtigt.

Wer also seinen Urlaub inmitten einer glitzernden Schneelandschaft, eingepackt in einen Schlafsack, in einem Raum bestehend aus Eis, verbringen möchte, wird in Jukkasjärvi genau richtig sein.

### 3. Gefängnishotel in Västervik, Småland

Wer schon immer Mal wissen wollte, wie sich eine Nacht hinter Gittern anfühlt und nicht so hohen Wert auf besonders viel Komfort legt, ist im

Gefängnishotel in Västervik genau richtig. Die Unterkunft liegt direkt am Bahnhof Västervik und ist mit einem Preis von 80 Euro pro Nacht gut zu bezahlen. Wie Sie sich anhand des Namens schon denken können, sind die meisten Zimmer moderne, renovierte Gefängniszellen.

Sie verfügen alle über ein eigenes Bad sowie kostenfreies WLAN.

Wer gerne Fahrrad fährt und nicht allzu gern zu Fuß unterwegs ist, kann sich am nahe gelegenen Fahrradverleih eines ausleihen und die Stadt auf zwei Rädern statt auf zwei Beinen erkunden. Besonders empfehlenswert ist hierbei die St.-Gertrud Kirche aus dem 15. Jahrhundert.

Wenn Sie also eher auf einen „einfacheren" Urlaub ausgelegt sind, ist dieses Gefängnishotel eine gute Möglichkeit für eine Unterkunft.

# PENSIONAT

Wer eine Unterkunft mit einer persönlicheren Umgebung haben möchte, kann sich für einige Nächte in einer Pension einquartieren. Der Unterschied zwischen Pension und Hotel liegt darin, dass Ihnen ein viel persönlicherer Service geboten wird, zudem wird nicht alles hochmodern eingerichtet sein und Sie werden nicht in einem Restaurant mit viel Auswahl essen. In einer Pension können Sie Einzelzimmer, Doppelzimmer oder eine gesamte Ferienwohnung buchen. Der Preis pro Woche startet, je nach Unterkunft, meistens ab 250 Euro und kann bis zu 900 Euro pro Woche aufwärts gehen.

# PRIVATZIMMER/B&B

Eine weitere günstige Alternative zu einem Hotel sind Privatzimmer in Schweden. Wenn Sie gerne in privater Atmosphäre Ihren Urlaub machen, ist ein B&B genau das Richtige für Sie. Die Möglichkeiten sind auch hier wieder sehr vielfältig. Bei der Wahl eines Zimmers im B&B muss man sich daher erst einmal Gedanken machen, was man genau will. Denn je nach Unterkunft werden Sie eine andere

Ausstattung bekommen. Hier kann es wieder von einer einfachen Waschmaschine bis zu einer hochwertigen Sauna gehen. Das besondere an B&Bs ist vor allem, dass Ihnen in den meisten persönliche Ausflugstipps gegeben werden. Sie werden also wahrscheinlich ganz andere, wunderschöne Orte zu sehen bekommen im Gegensatz zu einem Hotelgast. Der Preis pro Nacht geht meistens bei 35 Euro los und kann wieder bis zu 100 Euro betragen.

Tipp: Privatzimmer sind oft mit der Aufschrift „Rum med frukost", was so viel wie Zimmer mit Frühstück bedeutet oder mit dem Aushang „Ledig stugan" (freie Hütten) zu finden.

## CAMPING

Wenn Sie sich etwas ganz Einfaches wünschen und direkt inmitten der atemberaubenden Natur Schwedens eine Unterkunft haben wollen, ist Campen genau das Richtige für Sie. Sie werden die Gelegenheit bekommen direkt an einem Fluss oder See zu übernachten. Dazu werden Sie ein breites Angebot von den verschiedensten Freizeitangeboten haben. Darunter werden Sie über die vielen wunderschönen

Seen mit einem Ruderboot oder Kanu fahren können. An einigen Orten gibt es sogar einen Surfverleih. Erwartungen aktiver Urlauber werden hier also bestens erfüllt werden. Doch die Campingplätze bringen nicht nur ein breites Fächerangebot an Stellplätzen und Freizeitangeboten, sondern auch günstige Preise und trotzdem sehr gute Ausstattungen mit. Zudem müssen Sie auf dem Campingplatz nicht unbedingt in einem Zelt oder Wohnmobil übernachten. Sie haben auch die Gelegenheit eine Hütte zu mieten, denn die sind auf so gut wie jedem Campingplatz Schwedens vorhanden.

Die Preise eines Stellenplatzes mit zwei Erwachsenen und einem Kind gehen meistens ab 20 Euro aufwärts. Für eine Hütte, je nach Größe, bezahlt man im Durchschnitt 23 Euro für 2-6 Schlafplätzen sowie einer vollen Kochausstattung. Wenn Sie mal am Ende des Tages durch die zahlreichen, farbenfrohen Wälder streifen und keinen Campingplatz finden, ist das kein Problem, denn in Schweden gilt das Jedermannsrecht. Sie dürfen also wo und wann Sie wollen überall in Schweden Zelten. Achten Sie aber darauf, dass Sie dies nicht länger als 24 Stunden oder auf

Privatbesitz tun, denn dann kann es schwierig für Sie werden.

Achtung: Wenn Sie das erste Mal übernachten wollen, müssen Sie einen Campingausweis (Camping Kort) kaufen. Dieser dient als Datenträger und wird zum Ein- und Auschecken benötigt. Der Preis beträgt hierbei etwa 9 Euro für ein Jahr und ist in allen skandinavischen Ländern gültig. Zudem bietet der Camping Kort bei bestimmten Buchungen Rabatte auf Übernachtungen. Die Karte ist Gruppen- bzw. Familienbezogen und bietet eine Unfallversicherung für Unfälle auf dem Campingplatz. Bestellt werden kann die Karte auch von Deutschland aus.

**Die besten Campongplätze:**
...an der Westküste:
1. Daftö Camping Resort
2. Hafsten Resort und Camping
3. Apelviken

...in Skåne
1. Mötesplats Borstahusen

...auf den Inseln Öland und Gotland

1. Kronocamping Böda Sand
2. Sonjas Camping & Stugor
3. Kneippbyn Resort

...in Lappland

1. Byske Havsbad
2. Pite Havsbad
3. Ansia Resort

...im Binnenland

1. Gustavsviks Resort
2. Årjäng Camping & Stugor
3. Orsa Camping

...am größten See, dem Vänern

1. KronoCamping Lidköping
2. Ursand Resort & Camping

## JUGENDHERBERGEN

Die schwedischen Jugendherbergen sind bekannt für eine ausgezeichnete, komfortable Ausstattung zu einem niedrigen Preis. Egal ob alt oder jung, hier ist jeder herzlich willkommen. Die Jugendherbergen sind über das ganze Land verteilt und bieten einem eine preisgünstige, nette kleine Unterkunft. Bei der Aufteilung der Zimmer werden die Geschlechter jedoch nicht getrennt. Sollten Sie sich dennoch als Frau unwohl fühlen, könne Sie bei der Buchung „Ladies Room" angeben. So werden Sie als Frau nicht in einem gemischten Zimmer schlafen müssen. In Schweden gibt es jeweils zwei Verbände, die Jugendherbergen/Familienherbergen anbieten. Hierbei werden ca. 350 vom STF (Svenska Turiatföreningen) und ca. 150 von der Organisation SVIF (Sveriges Vandrarhem i Förening) betrieben.

**Tipp:** Wenn Sie einen internationalen Jugendherbergs- oder einen STF-Ausweis besitzen, werden Sie Rabatte auf die Übernachtungspreise bekommen.

Auch wenn Sie in einer Jugendherberge Ihre perfekte Unterkunft finden, wird Ihnen hierbei ein breites Freizeitangebot vom Kanufahren über

Surfen bis hin zum Golf spielen angeboten. Sie werden also keine Langeweile bekommen können und vor allem Kinder werden genug ausgelastet sein, um am späten Abend müde ins Bett fallen zu können.

Sie werden jedoch nicht wie in einem Hotel oder einer Pension bedient. Es gilt: Wer hier für eine Zeit gelebt hat, putzt so, dass sich der nächste Gast wohlfühlt. Zudem werden Sie Bettwäsche und Handtücher gegen eine Gebühr von etwa 5 Euro ausleihen müssen.

Wenn Sie jedoch diese Selbstständigkeit im Urlaub mögen und kontaktfreudig sind, gerne neue Menschen kennenlernen und ein aktiver Mensch sind, ist der Urlaub in einer Jugendherberge genau das Richtige für Sie.

# FERIENHÄUSER

Wenn Sie mit der gesamten Familie, Kindern und vielleicht Tieren reisen, wird ein Ferienhaus die perfekte Unterkunft für Sie und Ihre Familie sein. Sie können direkt an der Stadt, an einem See, inmitten eines wunderschönen, idyllischen Waldes oder auf einer strahlend grünen Wiese für einige Wochen eine möblierte, vollausgestattete Unterkunft besitzen. Sie werden jedoch früh im Voraus buchen müssen, denn die schönsten Ferienhäuser in Schweden sind oft schnell ausgebucht und lange nicht mehr zu haben. Die Preise variieren hierbei je nach Erwartungen des Urlaubers sehr stark von sehr günstig bis zu sehr teuer. Eine direkte, ungefähre Preisspanne kann ich daher nicht festlegen. Wenn Sie eine Ferienwohnung buchen möchten, können Sie Ferienkataloge, zum Beispiel auf der Website www. visitsweden.com anfordern, einfach über verschiedene Anbieter nach der perfekten Unterkunft suchen oder sogar alles über ein Touristenbüro organisieren. Meistens werden Sie hierbei auf die schönen, dunkelroten Holzhäuser stoßen, die mit weißen Tür- und Fensterrahmen verziert sind und inmitten von dunkelgrünen, schattigen Wäldern, an einem atemberaubenden Strand, wo die Sonne am schönsten untergeht und Sie das Meeresrauschen hören, oder auf einer blühenden Wiese voller Blumen stehen.

## BAUERNHOF

Wer vor allem seinen Kindern einen ganz besonderen, unvergesslichen Urlaub schenken möchte, ist auf einem Bauernhof genau richtig. Hier erwarten vor allem Ihre Kinder unvergessliche, spannende Abenteuer. Von Entdeckungsausflügen im Wald bis hin zum Kajakfahren sind Ferien auf einem Bauernhof immer ein ganz besonderes Erlebnis. Hier kann jedes Kind wie im echten Bullerbü leben.

Bauernhöfe sind gerade daher sehr bekannt und beliebt in Schweden. Vorzufinden sind sie in fast allen Regionen, mit oder ohne Mithilfe. Der Preis liegt hier meistens bei rund 30 Euro pro Nacht.

Tipp: Wenn Sie nun vorhaben, auf einem Bauernhof Urlaub zu machen, ist vor allem die Website www.Bopalantgard.org. zu empfehlen.

# Die schwedische Küche

**W**er kennt sie nicht? Die schwedische, kulinarische Küche. Schon allein aufgrund des Essens sollte man nach Schweden fahren. Denn die schwedische Küche hat so viel mehr zu bieten als nur Kötbullar. In der schwedischen Küche wird mit hochwertigen Zutaten gearbeitet. Von Meeresfrüchten bis hin zu Elch- und Rentierfleisch ist alles dabei.

## SMÖRGASBORD

Das Smörgasbord ist ein typisch schwedisches Buffet, welches alle Spezialitäten der schwedischen Küche aus allen Landesteilen vereint. Übersetzt heißt es so viel wie „Butterbrottisch". Das Smörgasbord ist Symbol einer riesigen Mahlzeit, die eigentlich kaum zu schaffen ist. Das Buffet hat eine lange Geschichte hinter sich. Früher bestand das Buffet nur aus Brot, Butter, marinierten Heringen und eventuell auch aus Schinken und Käse. Heutzutage wird eine große Auswahl von Leckereien angeboten.

Achtung: Es ist zwar ein Buffet und Sie dürfen grundsätzlich so oft wie sie wollen zum Tisch zurückkehren. Übertreiben Sie es dennoch nicht, denn in Schweden gilt: Niemals den Teller überfüllen und langsam essen!

Das Buffet ist in vier, und wer am Ende noch kann, in fünf Gänge einzuteilen:

1. Zuerst werden Sie köstliche, verschieden zubereitete Heringssorten und eventuell Kaviar mit Eihälften und Heringssalat essen.

2. Danach folgt der Fischteller. Hier werden Sie Lachs, verschieden zubereitet, Aal und Fischsalate

mit leckeren Soßen essen. Aber Achtung! Die Salate sind meistens scharf.

3. Der dritte Gang besteht aus kalten Fleischgerichten und einer Salatplatte. Darunter: Roastbeef, gekochter Schinken, Kalbsleberpastete, gefüllte Paprika und Zwiebeln, Schinken, Zunge und Salate.

4. Der für viele wahrscheinlich letzte Gang besteht aus warmen Gerichten, wie schwedischen Fleischklößchen oder auch „Kötbullar" genannt, Omeletts, überbackenem Hering, Geflügel, gebackener Petersilie und vielen weiteren Gerichten.

5. Wenn Sie jetzt noch können und Ihnen noch nicht schlecht ist, können Sie zum Dessert greifen. Hier können Sie Obstsalate, Kuchen, Käse oder Eis schlemmen.

Wer sich also einmal durch die ganze schwedische Küche mit all ihren Spezialitäten und Köstlichkeiten probieren möchte, ist beim Smörgasbrod genau richtig. Vor allem für Fisch- oder allgemein Fleischliebhaber, ist das Smörgasbrod ein wahrer Gaumenschmaus!

## SPEZIALITÄTEN

Generell sind die meisten schwedischen Spezialitäten Meeresfrüchte oder Fisch. Darunter: Kräftor (Flusskrebs), Hummer, Krabben, Austern und Blaumuscheln. Natürlich auch Lachs und Hering in verschiedenen Variationen.

Meine eigene Empfehlung, aber keine anerkannten Spezialitäten, sind immer noch die Kuchen, Torten und das Gebäck Schwedens. Darunter sollten Sie unbedingt die klassische „Kanelbullar" (Zimtschnecke) sowie die „Chokladboll", eine kugelförmige Backwarenspezialität mit Kokosstreuseln, probieren. Zwei Klassiker, die man bei einem Aufenthalt in Schweden unbedingt probieren sollte.

## HAUSMANNSKOST

Neben der großen Palette an Spezialitäten, können Sie in Schweden die normale Hausmannskost schlemmen. Darunter fallen ganz normale, aber sehr leckere Rezepte, wie Erbsensuppe oder Pfannkuchen mit Beeren.

In Schweden gibt es immer ein reichliches Frühstück, wohingegen das Mittagessen (lunch) nur kurz in Kantinen oder Gaststätten eingenommen wird. Das Abendbrot ist die Hauptmahlzeit der Schweden.

## CAFÉS

Wer nach Schweden fährt, darf auf keinen Fall ohne einen Besuch in einem Café zurückfahren. Ich persönlich liebe die Cafés in Schweden, denn jedes besitzt sein eigenes, ganz besonderes Flair. Oft sind sie auch nicht immer leicht zu finden, aber wenn man sie einmal gefunden hat, möchte man eigentlich gar nicht mehr davon weg. Einen leckeren Kuchen, Keks oder einfach nur eine Tasse Kaffee oder Tee in einem Strandkorb am Meer oder in einem Garten auf dem Land genießen: es liegt ganz in Ihrer Entscheidung. Die Kuchen sind hierbei auch in vielen verschiedenen Variationen, zum Beispiel Karotten-, Schoko- oder Käsekuchen, zu haben. Natürlich gibt es auch noch zahlreiche weitere, aber jedes Café hat seine ganz eigenen Spezialitäten. Das besondere an den vielen verschiedenen Kuchen und Gebäcken ist hierbei der herausragende Geschmack. Wenn Sie in Schweden einen Käsekuchen bestellen, werden Sie auch einen bekommen, der nach Käse schmeckt. Ich erinnere mich noch, als ich mit meiner Familie einmal einen Kaffee trinken war und ich mir einen Käsekuchen bestellt hatte. Erwartet hatte ich den typisch deutschen Käsekuchen aus Quark. Bekommen hatte ich aber einen schwedischen Käsekuchen, der wirklich nach richtigem Käse geschmeckt hat. Natürlich war er trotzdem lecker!

Das besondere an schwedischen Cafés ist, dass Sie sich Ihren Kaffee nachfüllen können (meistens zwei bis drei Mal). Zudem verdienen sich die Inhaber meistens noch ein wenig Geld, indem sie selbst gemachte oder gebrauchte Sachen auf ihrem eigenen kleinen Löppi-Markt verkaufen. Wer jedoch ein leckeres Kuchenstück mit Kaffee oder Tee bekommen möchte, muss schnell sein, denn zur Kaffeezeit, oder auf Schwedisch Fika, werden die Cafés sehr voll. Dann treffen sich viele Schweden und lassen ihren Mittag gemeinsam ausklingen. Wer Haustiere mit im Urlaub hat, braucht sich hierbei keine Gedanken zu machen, denn die sind in den meisten Cafés herzlich willkommen.

# EIS/SCHOKOLADE

Auch sollten Sie sich ein leckeres, typisch schwedisches Eis nicht entgehen lassen. Die Geschmacksrichtungen wie Lakritz, Pfefferminzbonbon oder Möhrenkuchen sind natürlich nicht für jeden etwas, aber jeder sollte es Mal probiert haben. Auch die traditionelle Marabou-Schokolade ist in vielen Variationen zu haben. Also probieren Sie doch einfach Mal! Ich verspreche Ihnen, die Kostprobe, wenn auch zu einem recht hohen Preis von 2 Euro, wird sich lohnen.

# RESTAURANTS

Richtige Luxus-Restaurants werden Sie in Schweden viele finden. Vor allem in den Großstädten haben sich viele etabliert, die fast alle mit Sternen versehen worden sind. Fast alle sind in den Zentren in der Nähe von großen Luxushotels vorzufinden. Die Abendpreise betragen hierbei etwa 35-50 Euro.

Wenn Sie wirklich gut essen wollen, dann kommt hier ein Insidertipp für Sie! Das sogenannte „Värdshus" oder „Gästgivaregård", liegt oft versteckt, abseits der Straßen, mitten im Wald.

# Tierwelt

Die Tierwelt ist ein bekanntes Kennzeichen Schwedens. Hier sammeln sich riesige Elche, die wahren Könige der Wälder, Wölfe, Vielfraße, Luchse sowie See- und Steinadler. Oft wird es schwer die Tiere in freier Wildbahn zu sehen, wer dennoch mal einen echten Elch neben sich stehen haben und vielleicht anfassen möchte, ist in einem Elchpark sehr gut aufgehoben.

# MÜCKEN

Blutrünstige Insekten, die wahrscheinlich jeden zu einem Wutanfall verhelfen. Wer kennt sie nicht? Mücken summen die ganze Zeit um einen herum, bssssss.....bsss.....man macht das Licht an, sieht nichts, man macht es wieder aus. Und es fängt alles von Neuem an...und dann wachen Sie am nächsten Morgen auf, mit 10 kleinen, juckenden Stichen, die Ihnen die Mücke als Dankeschön hinterlassen hat.

Schon oft habe ich von vielen Menschen das Vorurteil Schweden gegenüber gehört, dass dort viele Mücken leben und vor allem der Sommer besonders schrecklich ist. Das stimmt jedoch nicht, denn die Mücken in Schweden sind meistens nur in der nördlichen Region anzutreffen. In der südlichen Gegend kaum bis gar nicht. Meistens bekommen Sie sogar weniger Stiche in Schweden als in Deutschland, daher können Sie einen Grund nicht nach Schweden zu fahren schon einmal streichen!

Sollten Sie dennoch auf die kleinen Vampire treffen, achten Sie auf die Platzwahl. Heißt: Halten Sie sich an windigen Stellen und im flachen Gras auf, auch den Wald am Abend sollten Sie dann meiden. Zudem sollten Sie auf Ihre Kleidung achten. Ziehen

Sie, wenn möglich, keine blaue und schon gar keine enge Kleidung an. Ein Wundermittel ist Regenkleidung aus Gummi. Auch Hut und Halstuch kann ich nur empfehlen. Wenn Sie sich mit Insektenschutzspray oder sonstigem Schützen wollen, sind pflanzliche Präparate, wie Pfefferminze, Nelken usw. ein besonders guter Schutz.

## ELCHE

Das scheinbar bekannteste Tier im Norden ist der Elch. Sie können bis zu einer halben Tonne schwer werden, was in etwa dem Gewicht eines Kleinwagens entspricht. Den Elch können Sie mit viel Glück in ganz Schweden, außer in Skåne und Gotland antreffen. Die Tiere wirken oft aufgrund ihrer Größe und ihres schaukeligen Ganges sehr tollpatschig, weswegen sie jedoch meistens unterschätzt werden. Sie können eine enorme Geschwindigkeit aufbauen und sind echte Schwimmweltmeister. Wer einen Elch in freier Wildbahn sehen möchte, muss viel Glück haben. Sie können jedoch auch auf einer Autofahrt einen Blick auf den Straßenrand werfen, meistens stehen die Tiere im Graben und schauen sich gemütlich den Verkehr an. Wer jedoch keinen Elch zu Gesicht bekommt, kann auch in einen Elchpark fahren. Kein ganz so magisches Erlebnis, wie einen in freier Wildbahn zu sehen, aber dennoch ein ganz besonderer Moment.

## SCHLANGEN

Wie auch die Stechmücken, zählen auch die Schlangen zu den eher unbeliebten, unerwünschten Tieren in der Fauna Schwedens. Die ganz normale Kreuzotter ist hierbei eine eher ungefährliche Schlangenart. Vorkommen tut Sie meistens in der Nähe der Großstädte wie Stockholm. Wenn Sie also einer Kreuzotter begegnen sollten, brauchen Sie keine Angst zu bekommen und können Ihren Spaziergang bedenkenlos fortsetzten.

Sollten Sie jedoch einer Otter über den Weg laufen, müssen Sie aufpassen. Sie ist im mittleren und im nördlichen Teil Schwedens die fast einzig vorkommende, aber auch giftige Schlangenart. Also seien Sie gewarnt und passen Sie auf!

# RENTIERE

Wenn Sie weiter in den hohen Norden, in Richtung Lappland reisen, werden Sie dort die Rentiere antreffen. Oft werden Sie die Tiere in riesigen Herden antreffen, aber verwechseln Sie die Rentiere ja nicht mit einem Elch! Das ist schon so manchen Menschen passiert, auch wenn die Tiere nur schwer zu verwechseln sind. Die Elche beispielsweise sind so groß wie ein Pferd, wohingegen die Rentiere gerade mal so groß wie ein Reh werden. Auch die Farbe des Fells unterscheidet sich mit einem grau-beige deutlich von dem braunen Fell der Elche.

# BÄREN

Die Chance, einen wilden Braunbären in Schweden anzutreffen, ist genauso hoch, wie einen Elch zu sehen: nämlich gleich Null. Kaum zu glauben, denn in Schweden gibt es mehr Elche und Bären als man denkt. Wenn Sie trotzdem Mal einen Bären zu Gesicht bekommen wollen, können Sie in den Bärenpark bei Orsa (Dalarna) oder nach Stockholm ins Skansen Freilichtmuseum fahren. Angst einen Bären in freier Umgebung anzutreffen brauchen Sie keine zu haben, denn die Tiere sind schlau und sehen, hören und riechen Sie schneller als Sie denken. Sie werden also wohl eher vor Ihnen flüchten, als das Sie die Flucht vor einem Braunbären aufnehmen müssen.

## WÖLFE

Wölfe sind in Dalarna oder in Värmland, wenn auch nur in geringer Zahl, anzutreffen, da sich der Wolfbestand derzeit erholt. Da sie jedoch selten und sehr scheu sind, werden Sie wohl kaum einem Wolf begegnen.

## MEERE UND KÜSTEN

Nicht nur in den Wäldern werden Sie auf die atemberaubende Fauna Schwedens treffen, auch in den Meeren und an den Küsten können Sie die Chance bekommen, Robben und Seehunde sowie Seeadler anzutreffen und zu beobachten. Auch die riesigen Fischschwärme sind erwähnenswert.

# Aktivitäten

Wer grundsätzlich gerne nicht nur in einer Hängematte liegt und sich von der Sonne bräunen lässt, sondern lieber aktiv im Urlaub ist, ist in Schweden richtig aufgehoben. Hier können Sie so gut wie jede Sportart, vor allem in der Natur, betreiben. Vom einfachen Wandern bis hin zum Snowboarden oder Hundeschlitten fahren ist alles dabei. Schweden punktet also wieder einmal mit der riesigen Vielfalt, die es zu bieten hat.

# WANDERN

Fürs Wandern gibt es in Schweden zahlreiche Möglichkeiten und Wege durch viele Nationalparks. Wandern ist in Schweden gerade aufgrund der wunderschönen Natur sehr beliebt.

Um Ihnen eine kurze Übersicht über Wanderwege sowie Ausrüstung, eben allem was zum Wandern dazugehört, zu verschaffen, werde ich Ihnen dazu ein paar Punkte mit den einzelnen Besonderheiten aufzählen.

**Wege**

1. Der erste und einer der bekanntesten Wanderwege Schwedens ist der Kungsleden. Er wird auch als der „Königspfad" bezeichnet und besitzt eine Länge von ca. 450 Kilometern. Dieser einzigartige Wanderweg wird Sie durch unberührte und einsame Natur führen und Ihnen ein Erlebnis verschaffen, welches Sie nie wieder vergessen werden. Jährlich zieht der Weg hierbei etwas mehr als 25.000 Wanderer an. Wenn Sie sich für diese Route entscheiden, werden Sie in Lappland (Norden Schwedens) starten und bis Salen (in Dalarna, Mittelschweden) wandern.

2.   Die nächste Möglichkeit ist es, den Skaneleden zu nehmen, der Sie durch schöne Ortschaften und atemberaubende Landschaften führt. Dieser Weg geht durch die südschwedische Provinz Skåne und beinhaltet fünf Wanderwege, die jeweils miteinander kombiniert werden können. Insgesamt hat der Skaneleden somit eine Länge von 1000 Kilometern.

3.   Hinzu kommt dann noch der Nordkattleden, der jedoch nicht für Anfänger geeignet ist. Er besitzt eine Länge von 800 Kilometern und beginnt in Norwegen. Später verläuft er dann durch Schweden, Finnland und findet sein Ende wieder dort, wo er angefangen hat: in Norwegen.

4.   Der Padjelantaleden ist eher für Einsteiger geeignet. Er besitzt eine Länge von 150 Kilometern und liegt in Nordschweden, wo er in Akkastugurna beginnt und in Kvikkjokk sein Ende findet.

5.   Hinzu kommt noch der Höglandsleden in Südschweden. Er besitzt eine Länge von etwa 440 Kilometern.

**Beste Wanderzeit**
Eine eigentliche beste Reisezeit zum Wandern gibt es nicht. Auch hier kommt es wieder auf die

Bedürfnisse und Anforderungen des Urlaubers an. Wenn Sie lieber im Winter wandern, sollten Sie jedoch nicht Ihre zusätzliche Schneeausrüstung vergessen. Zudem wird der Schwierigkeitsgrad, gerade aufgrund der Kälte und des Schnees, deutlich höher als im Sommer sein. Daher würde ich Ihnen empfehlen, als Einsteiger am besten ausschließlich geführte Touren im Sommer oder Frühjahr zu machen. Im Sommer werden Sie zudem mehr Tiere zu Gesicht bekommen, denn Winter heißt für die Tiere Schlafenszeit.

**Ausrüstung**

Wer Wandern will, brauch eine gute Ausrüstung. Daher habe ich Ihnen hier einmal eine kleine Checkliste zusammengestellt. Wichtig wenn Sie sich das erste Mal ausrüsten, ist vor allem eine gute Beratung!

- Gutes Schuhwerk
- Bequeme Kleidung
- Rucksack
- Eventuell Regenkleidung
- Proviant
- Eine aktuelle Wanderkarte mit Unterkünften, Verkehrsanbindungen, Sehenswürdigkeiten usw.

**Unterkünfte**

Wenn Sie Wandern gehen, sollten Sie immer eine aktuelle Wanderkarte dabei haben. Meistens werden Sie die in einem Tourismusbüro bekommen. Hier sind alle Unterkünfte auf Ihrem Wanderweg eingezeichnet und Sie können sich immer sicher sein, dass Sie einen sicheren Schlafplatz haben werden. Die Unterkünfte sind hierbei meistens nicht weit von den Wanderwegen entfernt. Wenn keine vorhanden sind, können Sie auch zelten. Denken Sie jedoch an ein wetterfestes Zelt, einen wärmenden Schlafsack sowie eine Isoliermatte.

**Vorsichtsmaßnahmen**

- Wandern Sie niemals allein!
- Hinterlassen Sie immer eine Nachricht über Route, Ziel und Rückkehrtag!
- Haben Sie am besten immer einen Kompass sowie eine Karte dabei!
- Die Routenplanung sollte immer nach Kondition und Leistungsfähigkeit des schwächsten Gruppenmitglieds erfolgen!
- Bei Problemen sollten Sie umkehren!
- Entfernungen sollten nicht unterschätzt werden!

# SKIFAHREN

Wer gerne seine Weihnachtstage im Schnee verbringt und am liebsten jeden Tag über glitzernde, kleine Schneeflocken fliegt, deren richtige Form nur unterm Mikroskop zu sehen ist, ist in den weiten, weißen Wäldern Schwedens genau richtig. Wie wäre es also mit einem Urlaub im Schnee? Natürlich gibt es auch hier wieder unzählige Tätigkeiten, denen Sie nachgehen können. Aber immer noch einer der populärsten Wintersportarten ist das Skifahren.

**Die beste Zeit**

Da der Schnee in den meisten Gebieten schon ab Oktober/November fällt, ist die Zeit ab Oktober bis zum April für Skifahrer oder allgemein Wintersportler besonders zu empfehlen. 99-prozentige Schneegarantie erwartet Sie vor allem zwischen den weihnachtlichen Feiertagen und dem Osterfest.

**Die schönsten und besten Gebiete**

In Schweden befinden sich rund 200 Gebiete, die Ihnen gute Anlagen, Skilifte, Pisten und insgesamt eine sehr gute Ausstattung bieten. Egal ob Anfänger oder Profi, hier lässt sich für jeden etwas finden. Denn jedes Gebiet ist schneesicher und es lässt sich für jeden eine Aktivität finden, die garantiert Spaß bringt. Ob Skiabfahrtslauf, Skilanglauf, Schlittenfahrten, Snowboarden oder mal ganz andere Dinge, wie Eisangeln, Schlittschuh fahren oder Hundeschlittenfahren, es wird sich für jeden etwas finden lassen.

Um Ihnen eine Übersicht der schönsten Gebiete zu verschaffen, habe ich Ihnen welche aufgelistet.

- Riksgränsen        Provinz: Norbottens
- Are Skidomrade    Provinz: Jämtlands
- Björkliden          Provinz: Norbottens/Lappland
- Bygdalen           Provinz: Jämtland
- Kläppen            Provinz: Darlarna
- Skistar              Provinz: Darlarna
- Stöten               Provinz: Darlarna
- Undersaker        Provinz: Jämtland

## SNOWPARKS

Wenn für Sie das Skifahren nichts ist, könnten Sie einem der zahlreichen, beliebten Snowparks in Schweden einen Besuch abstatten.

Die sogenannten Snowparks liegen meist in Mittel- und Nordschweden. Vor allem unter den

Schweden selber sind die Parks mit ihren Halfpipes, Rail-Lines und Cross Tracks sehr beliebt. Finden können Sie die Schneeparks meistens in den schon genannten Skigebieten. Hier können die Wintersportler beim Snowboard- oder Skifahren ihrer Kreativität freien Lauf lassen, indem sie durch die Luft fliegen und Tricks sowie Akrobatik auf ihren Skiern oder Snowboards ausführen können.

Auch wenn Sie erst Anfänger sind, ist das kein Problem, denn die Parks sind mit zahlreichen Pisten für Anfänger und Profis ausgestattet. Wenn bei Ihnen jedoch überhaupt kein Interesse besteht, am Wintersport teilzunehmen oder Sie aus irgendeinem Grund nicht teilhaben können, besteht trotzdem die Möglichkeit, Veranstaltungen wie die Jib-Academy zu besuchen und sich von der Euphorie der Sportler sowie der Zuschauer tragen zu lassen. Auch Weltmeisterschaften werden hier ausgetragen. Wenn die Parks Ihr Interesse geweckt haben sollten und Sie ein Adrenalin-Junkie sind, können Sie ja mal einem Snowpark einen Besuch abstatten.

Tipp: Gerade, weil die Snowparks und Skigebiete auf Anfänger als auch auf Profis ausgerichtet sind, eignen sich diese besonders gut für

Familienurlaube. Egal ob für Groß oder Klein, hier findet jeder etwas und kann auch alles lernen, sofern er es nur will.

## HUNDESCHLITTEN FAHREN

Wenn Sie eher auf außergewöhnliche, einzigartige Erlebnisse stehen, ist eine Hundeschlittenfahrt durch die unberührte Natur Schwedens das Richtige für Sie. Ganz allein haben Sie die Möglichkeit einen Hundeschlitten zu lenken und sich von den schlauen Vierbeinern auf einem Schlitten durch den pulvrigen Schnee tragen zu lassen.

**Wo werden die Touren angeboten?**
Meistens werden Sie die Angebote für eine Hunde-schlittenfahrt in der nördlichen Region Schwedens finden. Genauer gesagt in Lappland.

**Wer zieht Sie eigentlich?**
Die weite, raue Wildnis wird Ihnen der Alaskan-Husky zeigen. Der Alaskan-Husky ist eine Kreuzung aus Polarhunden und Siberian Huskys. Das Merkmal der Rasse ist ihre große Ausdauer. Zudem sind sie verlässliche und zutrauliche Partner, die Sie ganz sicher an Ihrem Ziel ankommen lassen.

**Wie sieht so eine Tour aus?**

Eine Tour mit Ihrem ganz eigenen Gespann von 4 – 6 Hunden kann entweder als eintägige oder einwöchige Tour gebucht werden. Sie werden jedoch nicht ganz allein unterwegs sein. Begleiten wird Sie ein erfahrener Musher sowie andere Gruppenmitglieder, die Sie gleich an Ihrem Anreisetag kennenlernen werden. Ihre Übernachtungen werden zudem nicht unter dem strahlenden Sternenhimmel Schwedens stattfinden, sondern meistens in einer kleinen Hütte. Für Komfort auf Ihrer Tour wird also ausreichend gesorgt sein. Natürlich wird dies trotzdem kein 5-Sterne-Luxushotel sein, was sich aber, glaube ich, von selbst versteht.

**Anforderungen**

Auch müssen Sie bedenken, dass so eine Hundeschlittenfahrt nicht ohne irgendwelche Anforderungen, die auch an Sie gerichtet sind, stattfinden kann. Da Sie in einer Gruppe unterwegs sein werden, ist diese Fahrt höchstwahrscheinlich nicht für Einzelgänger geeignet. Bringen Sie also Teamgeist, Kontaktfreudigkeit und Toleranz mit. Auch müssen Sie ein gewisses Durchhaltevermögen sowie Kondition besitzen. Sie sollten also auch so in Ihrer Freizeit

Sport treiben und genug ausgelastet sein. Natürlich dürfen Sie auch keine Angst vor Hunden haben. Sie werden auch während der Tour selbstständig handeln müssen und Gemeinschaftsarbeit leisten, denn Sie besitzen Ihr eigenes Rudel, um das Sie sich selbstständig kümmern müssen.

**Tipp:** Empfehlenswert ist die Seite „rucksackreisen. de". Hier werden Sie alle nötigen Informationen ausführlich aufgelistet finden.

## SCHNEEMOBIL FAHREN

Wenn für Sie das Fahren mit einem Gespann von 4 bis 6 Hunden nichts ist, lässt sich die wunderschöne, fast unberührte Natur auch auf Schneemobilen erkunden.

Die Fahrten mit einem Schneemobil finden meistens in Gruppen von maximal 6 Personen statt. Sie werden durch herausfordernde Schneelandschaften, teilweise schwieriges und anspruchsvolles Gelände fahren. Eine Schneemobilfahrt ist also nichts für Angsthasen.

Auch bei diesem unvergesslichen Erlebnis vereinen sich wieder Abenteuer, Spaß und Komfort.

# SCHLITTSCHUHLAUFEN

Für diejenigen, für die ein zu hoher Anstieg von Adrenalin nichts ist, wäre das Langlaufschlittschuh fahren eine Möglichkeit, Schweden auf ruhigere, gemütlichere Art und Weise zu entdecken und zu genießen. Wenn es auch in Ihrem Interesse liegt, die gesamte Kultur dieses Landes kennenzulernen, bietet das Langlaufschlittschuh fahren eine optimale Möglichkeit, dieses Vorhaben in die Tat umzusetzen, da dieser Wintersport mit einer langjährigen Tradition verbunden ist. Viele sagen, es wäre ein ganz ähnliches Gefühl wie beim Skifahren oder Segeln in offenem Bergterrain. Probieren Sie es also ruhig einmal aus. Häufig finden große Fahrten in Ruhe und Stille mit weiteren netten Menschen statt. Wer diesem Erlebnis noch ein Upgrade verschaffen möchte, kann an den Volksläufen wie dem Sigtunarännet auf dem See Mälaren nahe Stockholm Mitte Februar teilnehmen oder sie einfach nur besuchen.

# ANDERE „WINTERLICHE AKTIVITÄTEN"

Selbstverständlich stehen Ihnen neben den schon aufgelisteten Aktivitäten noch zahlreiche weitere Aktivitäten zur Verfügung.

Neben Hundeschlitten und Schneemobil fahren werden Sie die arktische Wildnis ebenso mit einer Rentierschlittenfahrt erkunden können.

Ebenso interessant ist das Eisklettern, was sich die letzten Jahre zu einem regelrechten Hit und einer eigenständigen Kletterdisziplin entwickelt hat. Hier können sich die „ganz harten" Sportkletterer an vereisten Felswänden oder zu gefrorenen Wasserfällen entlang hangeln. Ein sehr empfehlenswerter Ort ist hierbei die Abiskoschlucht, die bei vielen Eiskletterern sehr beliebt ist.

Wer mal eine etwas andere Art des Angelns kennenlernen möchte, wird beim Eisfischen/Eisangeln genau richtig sein. In Schweden wird diese Aktivität „Pimpelfiske" genannt. Bei dieser Art zu angeln fischt man durch ein Loch, welches man zuvor ins Eis gebohrt hat. Um die Fische dann auch schlussendlich zu fangen, verwendet man eine spezielle Angel, die mit einer Länge von 20 Zentimetern eher klein für eine Angel ist. Gehalten wird sie zudem auch nur in einer Hand.

Achtung: In Schweden ist es zwar grundsätzlich erlaubt überall zu Angeln, fragen Sie aber dennoch immer überall nach, denn in bestimmten Gewässern ist ein „fiskekort"/Gewässerschein erforderlich.

# SAUNABESUCHE UND DAS EISLOCH

Wenn Sie Ihren Kreislauf mal so richtig in Schwung bringen wollen, wird ein Saunabesuch mit anschließendem baden, oder auch umgekehrt, genau das Richtige für Sie sein. So bringen Sie übrigens nicht nur Ihren Kreislauf, sondern auch gleichzeitig Ihr Immunsystem in Schwung.

Saunen oder auch „Bastu" genannt, sind in Schweden äußerst beliebt. Fast jeder Schwede besitzt eine private Sauna und auch in Hotels, auf Campingplätzen oder in Ferienanlagen stehen einem Saunen meistens kostenlos zur Verfügung. Sehr empfehlenswert ist hierbei die Ribersborg Kallbadhus in Malmö. Hier können Sie direkt den herrlichen Blick auf den Öresund, die Öresundbrücke und natürlich die Hauptstadt des Nachbarlandes Kopenhagen bei Ihrem Saunagang genießen.

Das Eisbaden in Verbindung mit einem Sprung ins Eisloch ist nur etwas für Mutige. Hierbei ist eine Erfrischung garantiert und Ihr Kreislauf kommt einmal so richtig in Fahrt.

# MIT DEM KAJAK DURCH SCHWEDEN

Eine weitere, sehr beliebte Aktivität in Schweden ist das Kajakfahren. Ich meine, wer will das nicht? Über glitzerndes, glänzendes Wasser mit seinen Liebsten durch eine Bucht oder einen verwunschenen, schon fast magisch wirkenden Wald paddeln. Auch hier ist wieder alles möglich. Von einer mehrtägigen oder einer eintägigen Kanutour, allein oder mit der ganzen Familie. Ob Draufgänger oder eher jemand, der es ruhig angehen möchte und Entspannung bevorzugt. Sie haben die Wahl. Jedoch kann ich Ihnen nur sehr empfehlen mit Ihren Kindern eine Kanutour zu machen. Denn auch das ist in Schweden zwischen rosafarbenen Granitfelsen über strahlend blaues Wasser wieder etwas ganz Besonderes. Ein Erlebnis, was man erlebt haben sollte. Vor allem wird Ihnen bei mehrtägigen Touren wieder das Allemannsrecht zu Gute kommen, denn wenn Sie ein Zelt einpacken oder vielleicht auch einfach nur einen Schlafsack und eine Isomatte, können Sie jederzeit, auf jeder Insel übernachten und so der unberührten Natur Schwedens ganz nah sein. Wenn Sie kein eigenes Kajak besitzen, gibt es in Schweden in vielen Orten genügend Verleihe und wenn Sie Glück haben, hat der Vermieter Ihres Ferienhauses eventuell auch ein Kajak, welches Sie benutzen können.

Da es in Schweden natürlich wieder viele Orte und Plätze gibt, die besonders schön sind, habe ich Ihnen wieder die schönsten unten aufgelistet.

**Die schönsten Orte:**
<u>Westschweden</u>
- Rosafarbene Granitfelsen und die Schäreninseln können Sie im Bohuslän sehen.
- Flüsse und Seen in der Region Dalsland
- Sowie in der Region Värmland erkunden.

## Schwedische Ostküste

- Mit den Schären von Stockholm
- St. Anna
- Gryt

## Nordschweden

- Wilde Natur werden Sie beim Paddeln in Lappland sehen

**Tipp:** Wenn Sie kein eigenes Kajak besitzen oder die schönsten Routen durch Schweden noch nicht kennen, finden Sie zertifizierte Kajaktouren und -verleihe auf naturebestsweden.com

## WEITERE BOOTSFAHRTEN

Neben Kajak fahren können Sie auch noch Kanu, Segel-, Ruder-, Paddel-, oder Motorboot fahren. Auch bei dieser Entscheidung ist es wieder ganz Ihnen überlassen, was sie letztendlich wählen. Die Ausrüstung werden Sie hierbei in den vorhandenen Urlaubsorten ausleihen können. Nötige Infos über Veranstaltungsort und Zeitraum kriegen Sie in Tourismusbüros. Jedoch sollten Sie sich vor allem in der

Hochsaison rechtzeitig informieren und reservieren, denn im Sommer ist es oft schon sehr überlaufen. Wenn Sie keine Tour buchen sollten, sondern sich dazu entscheiden, allein eine Kanu- oder Segelboot-Tour zu machen, sollten Sie Kartenmaterial dabei haben. Wenn Sie allein unterwegs sind, sollten Sie vor allem an der Westküste aufpassen, denn hier herrschen Ebbe und Flut. Jedoch ist nicht nur die Westküste ganz ungefährlich, sondern auch die Ost-küste. Wenn Sie hier dennoch in Gefahr geraten soll-ten, dienen Ihnen hier zum Schutz Buchten, Schären und Inseln. Passen Sie also auf sich auf und achten Sie darauf, wenn Sie Anfänger sind oder allein unter-wegs sein sollten, besser auf Seen oder Flüssen ent-lang zu fahren.

# WILDWASSER RAFTING

Für eine Menge Spaß und Abenteuer auch für Groß und Klein sorgen jedoch nicht nur spannende Bootsfahrten, sondern auch Wildwasserrafting-Touren. Die Tour-Saison ist hierbei meist von Mai bis September. Entscheiden können Sie hierbei zwischen gemütlichen Touren und wilden Fahrten. Eine Wildwasserrafting-Tour ist also für jeden etwas. Egal, ob Sie lieber einen entspannten Urlaub oder einen Urlaub voller Action erleben wollen, bei einer Rafting-Tour ist alles für Sie dabei. Die Ausrüstung, also Helm, Schuhe und Schwimmwesten, erhalten Sie hierbei vom Veranstalter. Denken Sie jedoch an Wechselsachen und Handtücher, denn diese muss man immer selbst mitbringen. Die meisten und besten Angebote erhalten Sie hierbei in Dalarna, Värmland und Jämtland.

Achtung: Sollten Sie Urlaub mit Ihren Kindern machen, darf Ihr Kind erst ab 6 Jahren mitfahren.

## WRACKTAUCHEN

Auch das Wracktauchen ist in Schweden von Jahr zu Jahr immer populärer geworden und ein richtiger Touristenmagnet. Da Schweden früher ein Seefahrerland war, gibt es viele Wracks in der Ostsee rund um Schweden zu finden. Sind Sie jedoch noch Anfänger und unerfahren, sollten Sie vorher im Binnengewässer üben, da die Seen oft ruhiger sind als das Meer. Zudem sollten Sie immer einen erfahrenen Taucher an Ihrer Seite haben, der sich mit dem Gewässer und deren Gefahren auskennt.

## GOLF SPIELEN

Das Land ist eine Golfnation. Mit zahlreichen Golfclubs, sowie Mitgliedern, hat sich der Sport regelrecht zum Volkssport entwickelt. Daher ist das Angebot der unterschiedlichen Greens hier auch entsprechend groß. Wenn Sie einen regelrechten Golfurlaub haben möchten, stehen für Sie in Schweden auch zahlreiche Golf-Hotels sowie Golf-Resorts in jeder Region zur Verfügung.

**Tipp:** Die besten und preiswertesten Golf Hotels & Resorts finden sie wieder auf booking.com.

**Die populärsten Golfregionen Schwedens:**

- **Skåne**, die südlichste Provinz des Landes, weist eine hohe Dichte an Golfplätzen mit verschiedensten Architekturen auf. Hier können Sie mehr als 70 Golfplätze innerhalb einer Autostunde erreichen.

- **Halland**, eine Provinz mit zahlreichen Golfplätzen. In Halmstad und Kungsbacka befindet sich eine riesige Anzahl an Möglichkeiten für Golfer, darunter befinden sich in Halmstad beispielsweise 12 Golfplätze und die Scandinavian School of golf. Nicht umsonst nennt sich Halmstad die „Golf Hauptstadt Schwedens".

- **Dalarna**. In der Region um Borlänge, Falun, Gagnef und Ludvika finden Sie mehrere populäre Golfplätze.

- **Lappland**, hier finden Sie eine riesige Auswahl an qualitativ hervorragenden Greens.

**Tipp:** Golfplätze finden Sie auf: golfkartan.se, der schwedische Golfverband stellt sich auf: golf.se vor.

Um Ihnen wieder einen Überblick des riesigen Gesamtangebotes in Schweden ermöglichen zu können, habe ich Ihnen wieder die drei besten Golf-plätze Schwedens herausgesucht. Natürlich hat auch hier wieder jeder seine eigene Definition vom perfekten Golfplatz. Jedoch werden diese drei mit als die besten in ganz Schweden bezeichnet:

- Ljunghusen Golfklubb in Falsterbro, Skane – am Meer gelegen
- Visby Golfklubb auf der Insel Gotland
- Ombergs Golfklubb in Ödeshög, Östergötland – Aussicht über den Vättern

# Mentalität

Jeder nimmt die schwedische Mentalität für sich ganz anders auf. Jedoch möchte ich einmal von meinen Erfahrungen berichten. Insgesamt finde ich, dass die Schweden ein sehr freundliches Volk sind. Sie sind sehr hilfsbereit und vor allem entspannt. Manchmal habe und hatte ich das Gefühl, dass die Schweden und vor allem das Land Schweden eine besondere Gabe haben, einem Ruhe und Entspannung zu geben, ja fast schon zu schenken. Schon wenn man in dem Land ankommt und zu seinem Ferienhäuschen fährt, setzt die Entspannung ein. Sie fahren durch grüne und wunderschöne

Wälder, die fast schon verwunschen und magisch wirken. Auch Ihr Ferienhaus wird wahrscheinlich nicht in einem riesigen Wohngebiet wie in Deutschland stehen, sondern eher auf einer kleinen einsamen Wiese. Was ich auch sehr lustig zu beobachten fand, war das Verhalten der Schweden an der Kasse beim Einkaufen oder auch im Verkehr, denn immer und immer wieder konnte man bemerken, dass sich die Schweden einfach nicht so schnell aus der Ruhe bringen lassen. Zudem führen die Schweden ein sehr zurückhaltendes und insgesamt sehr zurückgezogenes Leben. Zumindest Fremden gegenüber.

Selbst der Briefkasten ist vorne an der Straße angebracht und nicht wie bei uns in Deutschland am Haus befestigt. Zudem werden Sie nicht so oft in Ihrem Urlaub einen Schweden zu Gesicht bekommen. Jedenfalls nicht da, wo Sie wohnen. Wenn dann nur da, wo es die Touristen hinzieht.

Auch wenn die Schweden, wie ich finde, zurückgezogen leben, haben sie doch keine abweisende Art. Sie feiern riesige Feste, wo jeder herzlich willkommen ist, oder sind allgemein sehr gerne mit der Familie zusammen, sind unternehmungslustig und vor allem ein sehr sportliches Volk. Auch sind die

Schweden sehr offen Touristen gegenüber. Sie sprechen gerne und sehr gutes Englisch, wodurch es einem möglich ist, viel und gut mit ihnen zu kommunizieren. Sehr auffällig finde ich das ausgeprägte Modebewusstsein. Ich liebe den Stil der Schweden. Sie achten immer darauf modern und ordentlich gekleidet zu sein und liegen den Deutschen in vielen Trends Meilen voraus. Wer sich also für einen Urlaub in Schweden entscheidet, wird auf sehr gelassene und freundliche Menschen treffen. Sie werden schon nur aufgrund der Mentalität der Schweden entspannt aus Ihrem Urlaub zurückkehren.

# Urlaubsregionen

enerell lässt sich Schweden in drei große Regionen einteilen. Hierbei ist die erste Region Südschweden, welche auch „Götaland" genannt wird. Die zweite Region ist Mittelschweden, die auch den Namen „Svealand" trägt und die dritte Region ist Nordschweden, die auch durch den Namen „Norrland" gekennzeichnet ist. Historisch wird Schweden in 25 Provinzen (Schwedisch: „landskap") eingeteilt. Verwaltungspolitisch trägt diese Einteilung heutzutage keine Bedeutung, im Tourismus findet sich jedoch eine umso größere Bedeutung. Hierbei unterscheiden sich die verschiedenen Provinzen und Regionen meistens nach Dialekt, Trachten, Brauchtum, Klima, Natur und vielen weiteren Faktoren. Schon hier kann man also wieder sehen, dass Schweden ein sehr vielfältiges Land ist, in dem sicherlich jeder glücklich wird und einen wunderbaren Urlaub mit viel Spaß, Abenteuern, aber auch Entspannung verbringen kann. Um Ihnen eine Übersicht über die vielen verschiedenen Regionen und Provinzen zu verschaffen, habe ich Ihnen die besten Urlaubsregionen mit ihren Alleinstellungsmerkmalen aufgelistet.

## STOCKHOLM

Schwedens Hauptstadt Stockholm ist das kulturelle, wirtschaftliche und politische Zentrum des Landes. Oft wird die Stadt auch als Venedig des Nordens bezeichnet und lässt sich durch ihre äußerst bunte Vielfalt, ihren besonderen Charme und ihre hohe Lebensqualität verleihen. Stockholm liegt auf insgesamt 14 Inseln und lässt sich in die Stadtteile Norrmalm, Östermalm und Södermalm einteilen. Dazu gehören dann noch die historische Altstadt sowie die Inseln Kungsholmen und Djurgården.

**Norrmalm**

In Norrmalm, einem riesigen Touristenmagnet, lässt sich das Nachtleben mit zahlreichen Shopping-Angeboten, Ausgehmöglichkeiten sowie großartigen Gastronomien finden. Dieser Stadtteil hat jedoch zwei Gesichter: Das eine Gesicht besteht aus dem Geschäftsviertel und riesigen Bürogebäuden, während das andere von einem begehrten Wohnbezirk mit Pubs und bodenständigen Restaurants gebildet wird.

**Gamla Stan**

Die Altstadt Gamla Stan befindet sich auf der Insel Stadsholmen. Sie ist historisches Zentrum der Stadt und wer Kultur und Geschichte liebt, wird hier garantiert einen wunderschönen Urlaub erleben. Hier werden Sie bis ins 13. Jh. zurückgeworfen und werden wunderschöne, sehr gut erhaltene Speicherhäuser aus der Hansezeit zu Gesicht bekommen.

**Kungsholmen**

Kungsholmen bedeutet übersetzt so viel wie Königsinsel und setzt sich wie der Stadtteil Norrmalm aus Wohnbezirk sowie Verwaltungs- und Büro Bezirk zusammen. Wahrzeichen und eine Sehenswürdigkeit des Stadtteils und ganz Schwedens ist

Stockholms „Stadshus", das Rathaus mit den drei Kronen auf dem 106 m hohen Turm.

## Östermalm

Östermalm ist das Nobelviertel der Stadt Stockholm. Hier befinden sich neben Wiesen, Wäldern und zahlreichen Parkflächen auch beliebte Attraktionen und bekannte Museen.

## Södermalm

Södermalm ist Magnetpunkt für viele Künstler, Hipster und Young Urban Creatives. Hier werden Sie neben viel Kultur und Geschichte auch moderne Galerien, Geschäfte sowie Musiklokale finden.

## Die Sehenswürdigkeiten:

- Die Altstadt Gamla Stan

- Freilichtmuseum Skansen

- Vasa-Museum

- Stockholms Stadshus

- Das Königliche Schloss

- Aussichtsplattform Katarinahissen

- ABBA-Museum

- Promenade Strandvägen

**Tipp:** Über viele Museen lassen sich auch YouTube-Videos im Netz finden. Zudem gibt es von Stockholm selbst eine offizielle Touristenseite, die sich Visitstockholm.com nennt.

## GÖTEBORG

Göteborg ist eine Hafenmetropole, die es schafft, Großstadt und Natur miteinander zu vereinen und somit ein attraktives Reiseziel für Touristen ist. Göteborg ist nicht nur ehemalige Seefahrerstadt, sondern auch Veranstaltungs- und Kulturmetropole. Somit ist die Stadt sehr attraktiv für viele junge Leute und Künstler. Wer gutes Essen und Kunst liebt, wird hier in dieser Stadt richtig sein. Auch wenn Sie mit Kindern einen Urlaub in Göteborg machen oder machen wollen, lassen sich hier viele Attraktionen für Kind und Familie finden. Zudem bietet Göteborg beste Shopping-Bedingungen. Sie werden über eine große Auswahl an Geschäften verfügen und können bequem zu Fuß über die anschaulichen Fußgängerzonen schlendern oder einfach nur in einem Kaufhaus entspannen. Wer Kaufhäuser liebt, wird wahrscheinlich in dem größten Kaufhaus Skandinaviens

„Nordstan" glücklich werden. Wer mehr auf Vintage-Läden und kleine Boutiquen wert legt, wird in der Innenstadt genau richtig sein. Auch einen Blick wert ist der Göteborger Schärengarten. Die Schären liegen hierbei nicht weit vom Festland entfernt und Sie werden einen malerischen Anblick auf die Inseln bekommen. Die Fischerdörfer wirken hierbei fast wie Bilder auf Postkarten. Wenn sie Fisch und köstliche Meeresfrüchte lieben, werden Sie in der Gastronomieszene Göteborgs genau richtig sein. Viele Restaurants gehören hierbei zur Weltklasse und wurden von französischen Guides mit einem Stern ausgezeichnet.

**Dorthin sollten Sie in der Gastronomieszene gehen**
- Göteborger Fischkirche
- Göteborger Fast & Street Food

**Nützliche Links für den Göteborger Schärengarten**
- Goteborg.com: Der Göteborger Schärengarten (Englisch)
- Goteborg.com: Wege in die Schären (Englisch)
- Vastsverige.com: Der Schärengarten von Göteborg
- Styrsöbolaget: Die südlichen Schären (Broschüre Deutsch)

- Västtrafik: Fahrpläne in die Schären

**Attraktionen und Sehenswürdigkeiten**
- Hafen Lilla Bommen

- Freizeitpark Liseberg

- Flaniermeile Avenyn

- Szenekiez Magasinsgatan

- Göteborger Stadtmuseum

- Science Center Unviversum

- Schiffsmuseum Maritiman

- Stadtviertel Haga

- Sightseeing in Göteborg, machen Sie Stadtrundfahrten mit Paddan und Bus

- Göteborgs Hamntur (Hafenrundfahrt)

- Sightseeing mit dem Linienboot

- Stinsen-Sightseeing (Hop on-Hop off-Minizug)

**Kinderattraktionen**
Wer mit seinen Kindern in Göteborg einen Urlaub machen möchte, wird dort gut aufgehoben sein. Sie werden auf eine saubere und kinderwagenfreundliche Gegend treffen, die Ihnen den Urlaub um ein Vielfaches erleichtern wird. Auch viele Restaurants und allgemein viele Einrichtungen verfügen über Hochstühle und Wickeltische.

Diese Sehenswürdigkeiten verfügen über spezielle Kinderbereiche und sind für Jung und Alt zu empfehlen:

- Liseberg
- Universeum
- Maritiman
- Hafenrundfahrten
- Schärenausflug
- Kajakpaddeln
- Schlosswald

Wenn Sie noch mehr Infos über einen Urlaub mit Kind in Göteborg benötigen, finden Sie diese auf der Website Göteborgs: goteborg.com: Gothenborg for Kids

**Tipps**

Zum Schluss noch einige Tipps: Sollten Sie sich für einen Urlaub in Göteborg entscheiden, sollten Sie sich die Göteborger CityCard zulegen. Diese wird Ihnen die Berechtigung geben, alle öffentlichen Verkehrsmittel im Großraum Göteborgs zu benutzen. Die CityCard können Sie im Internet oder vor Ort im Tourismuscenter und am Flughafen erwerben. Link zur CityCard: goteborg.com: Göteborg CityCard

Um die Fortbewegung innerhalb der Stadt brauchen Sie sich ebenfalls keine Sorgen zu machen. Die Infrastruktur der Stadt ist sehr gut ausgebaut und alles ist fußgängerfreundlich ausgerichtet. Mit der Göteborg CityCard fährt man, wie schon gesagt, mit den öffentlichen Verkehrsmitteln kostenlos und kann die Fahrräder gebührenfrei leihen.

Hilfe finden Sie über diese Links: goteborg.com: Verkehrsmittel in Göteborg, Västtrafik: Öffentlicher Nahverkehr.

Auch Göteborg hat eine offizielle Tourismusseite, goteborg.com

## WESTSCHWEDEN: BOHUSLÄN

Westschweden ist eines der schönsten und beliebtesten Ferienregionen des Landes. Vor allem, wenn Sie Urlaub in und auf dem Wasser mögen ist diese Region perfekt für Sie. Von malerischen Küsten bis hin zu idyllischen Wäldern oder einfach nur viele Kultur und Naturschätze, gibt es hier viel zu entdecken, zu erleben und zu sehen. Somit ist Westschweden eines der facettenreichsten Regionen

Schwedens. Die Küste von Bohuslän verläuft hierbei von Göteborg bis zur norwegischen Grenze. Gekennzeichnet wird die malerische Küstenlandschaft durch Tausende von Inseln, glatt geschliffene Felsen und schroffe Schären. Hier können Sie Badeorte abklappern und Fischerdörfer, die wie aus einem Bilderbuch genommen wirken, sehen. Vor allem für Kajakfahrer ist die Westküste Schwedens ein Traum.

**Highlights**
- Marstrand: Seglermetropole mit pastellfarben gestrichenen Holzhäusern und kunstvollen Verzierungen
- Die Inseln Tjörn und Orust: perfekt für Wassersportler und Naturliebhaber mit wunderschönem Panorama. Sightseeing Tipp hier: Der Aussichtspunkt „Tjörnehuvud" in Rönnäng.
- Lysekil: hier liegt der wichtigste Fischereihafen der Region. Auch ein Meeresforschungszentrum hat hier seinen Standort. Zudem traditionsreicher Badeort und historisches Stadtzentrum. Sightseeing Tipp hier: Meerwasseraquarium Havets Hus und das Naturschutzgebiet Stångehuvud.
- Grebbestad: Küstenstadt mit Felskullisse. Dieser Fischerort wird als Austern-Hauptstadt bezeichnet.

Wunderschöner Hafen und Uferpromenade. Besonders für Familien mit Kindern geeignet.

- Riesiges Freizeitangebot.

- Smögen: Fischerort. Sightseeing-Tipp hier: Der tausend Meter lange Holzpier „Smögenbryggan". Tägliche Fisch- und Schalentierauktionen. Großes Freizeitangebot.

- Kosterinseln: Schwedens artenreichstes Meeresgebiet. Maritimer Nationalpark. Wunderschöner Leuchtturm mit langen, schönen Wanderwegen und einer Badebucht. Hier ist auch ein Informationszentrum, das „Naturum". Große Auswahl an Freizeitaktivitäten.

- Fjällbacka: idyllisches Örtchen. Hier wurden viele Filme, wie Ronja Räubertochter oder Krimis von Camilla Läckberg gedreht. Auch finden Sie hier eine malerische Küstenlandschaft und einen wunderschönen Blick auf den Schärengarten. Highlight: Fahrt zu den Wetterinseln.

- Felszeichnungen in Tanum: hier finden Sie Felsritzungen und Kunstwerke aus der Bronzezeit. Das größte Gebiet gehört hierbei zum Weltnaturerbe der UNESCO. Highlight hier: Das Museum, in dem Besucher Felsenkunst und ein nachgebautes Dorf aus der Bronzezeit bestaunen können. Wunderschöne, gut erschlossene Wanderwege und Areale mit Felsritzungen.

**Tipp:** Hier noch einmal ein paar nützliche Links. Westschweden: Offizielle Tourismusseite, Västtrafik: https://www.vasttrafik.se Öffentlicher Nahverkehr und ein kleiner Film vom NDR über Schwedens Westschären (lässt sich auf YouTube finden).

## SÜDSCHWEDEN

Auch Südschweden ist mit seinen kilometerlangen Sandstränden, einer reizvollen Landschaft, zahlreichen Schlössern, Burgen und Seen ebenso eine sehr facettenreiche und wunderschöne Urlaubsregion. Auch lässt sich hier wieder viel Kultur und Geschichte finden. Südschweden, anders kann man es nicht sagen, ist eine postkartenschöne Landschaft. Sie bekommen hier beste Bedingungen für einen Aktivurlaub, aber ebenso für ruhige Ferien in einer Hütte am See. Auch durch zahlreiche Freizeitangebote, Gastronomieangebote und viele kleine Städtchen, ist Südschweden eine Urlaubsregion für Groß und Klein. Südschweden wird hierbei in die

Regionen Skåne, Blekinge, Halland, Gotland und Öland aufgeteilt. Die wohl aber bekannteste Region ist und bleibt immer noch die Region Astrid Lindgrens, Småland.

## Skåne

Eine wunderschöne Region Südschwedens. Die malerische Landschaft wird erfüllt von riesigen Schlössern, Burgen, vielen Wäldern und kilometerlangen Sandstränden. Beeindruckende Küstenlandschaften lassen sich vor allem in den Naturschutzgebieten Hovs Hallar und Kullaberg im Nordwesten wiederfinden. Eine Stadt, die Sie gesehen haben sollten, wenn Sie sich in Skåne befinden, ist Lund. Mittlerweile eine wunderschöne Studentenstadt, die geprägt von Gassen, kleinen Läden, zahlreichen Cafés und Parks ist. Skånes größte und Hauptstadt ist hierbei Malmö, die durch mittelalterliches Fachwerk, aber ebenso auch durch moderne Architektur, geprägt wird. Eine weitere Region, die Sie gesehen haben sollten, ist Öterlen. Hier lassen sich wunderschöne kleine Fischerdörfchen finden. Ystad ist hierbei Schauplatz der Wallander-Krimis. Hinzu kommt nach Kivik, die Hauptstadt Österlens. Übrigens: Österlen wird auch als das Apfelreich bezeichnet.

**Tipps:** Nützliche Links sind hier wieder die offizielle Website: Visit Skåne *https://***visitskane**.*com/de* und die offizielle Tourismusseite von Malmö: *https://visitsweden.de/malmo* . Dazu kommen noch die offiziellen Tourismusseite von Ystad und Österlen: *www.visit***ystad***osterlen.se/de*

## Blekinge

In Blekinge finden Sie dichtere Wälder und Schwedens südlichsten Schärengarten. Hier finden vor allem Aktivurlauber ein großes Angebot an Outdoor-Aktivitäten. Gesehen haben sollten Sie die Stadt Karlskrona, eine Barockstadt mit Marinestützpunkt. Hierbei gehören auch wieder viele Teile dem UNESCO Weltkulturerbe an.

Tipps: Hier wieder ein paar nützliche Webseiten: *https://www.***visitblekinge**.*se/en* und www.**visitkarlskrona**.se

## Halland

Hier werden Sie breite Sandstrände, bewachsene Dünen und traditionsreiche Badeorte finden. Gerade deswegen wird der Küstenabschnitt zwischen der Laholm-Bucht und Varberg von den Schweden auch als „schwedische Riviera" bezeichnet. Sehenswert mit Schwedens längstem Sandstrand sind die Ferienorte Mellbystrand und Skummeslövsstrand. Hallands Hauptort ist hierbei Halmstad. Sehenswert sind die attraktiven Altstädte und Europas älteste, noch aktive Töpferei. Wenn Sie ein Surf-Fan sind, sollten Sie unbedingt Apfelviken besuchen.

**Tipps:** Nützliche Webseiten: Halmstad: https://www.**halmstad**.se und *https://www.vastsverige.com/de*

### Småland

Die Bullerbü-Idylle. Hier finden Sie die klassischen roten Holzhäuser mit Wäldern und strahlend blauen Seen. Empfehlenswert und einen Besuch wert sind hierbei die Nationalparks, „Norra Kvill" und „Store Mosse". Wenn Sie nach viel Kultur suchen, sind Sie in Småland eher falsch. Was sich hier wiederfinden lässt, sind die vielen Outdoor-Aktivitäten für Aktivurlauber. Vor allem für Familien mit Kindern ist Småland eine wunderschöne, wenn sogar nicht die schönste, Region. Sie werden hier mit ziemlich hoher Wahrscheinlichkeit Elche in freier Wildbahn und in den zahlreichen Elchparks, in denen Sie auf Elchsafari gehen können, antreffen, was ein unvergessliches Erlebnis für Sie und Ihre Kinder sein wird. Auch können Sie hier wieder einen Schärengarten besuchen. Der Gürtel erstreckt sich hierbei zwischen Mönsterås und Lofthammar. Auch viele Küstenstädte, wie die Stadt Kalmar, locken die Touristen mit zahlreichen Aktivitäten und interessanten Sehenswürdigkeiten in die Region. Das Schloss von Kalmar ist hier auf jeden Fall einen Besuch wert. Als ich früher als Kind in Småland war, habe ich vor allem die Verbundenheit der Region mit der Schriftstellerin Astrid Lindgren sehr geliebt. Wenn Sie Kinder dabei haben sollten Sie daher unbedingt den Vergnügungspark „Astrid Lindgrens Welt" besuchen. Hier werden Sie sich so fühlen, als würden Sie mitten in den Büchern der Autorin stecken und alle Geschichten noch einmal auf eine ganz andere, neue Art und Weise entdecken und erleben.

**Gotland**
Gotland ist Schwedens größte Insel und gekennzeichnet durch weiche Sandstrände, Kieselufer, Lagunen, mächtige Klippen und kinderfreundliche Badeplätze. Hier herrscht ein angenehmes Klima, und eine artenreiche Vegetation. Sehenswert sind hier die Kalksteinsäulen, auch „Raukar" genannt. Wer Geschichte liebt, kann dieser in Gotland ganz

nahekommen. Denn Gotland ist durch das Mittelalter und die Wikinger geprägt worden. Auch hier wurden viele Filme wie Pippi Langstrumpf sowie Kriminalfilmreihen gedreht.

## Öland

Schwedens zweitgrößte Insel. Auch hier gibt es wieder wunderschöne Sandstrände sowie zahlreiche Badeplätze und Klippen. Was Sie sich hier unbedingt anschauen sollten, und wahrscheinlich auch immer wieder sehen werden, sind die hölzernen Windräder. Ebenso ein Besuch wert ist die Schlossruine Borgholm sowie die Burg Eketorp und das Gräberfeld Gettlinge. Wer einen Aktivurlaub verbringen möchte, ist auf den vielen Rad- und Wanderwegen genau richtig. Auch für Kinder gibt es hier wieder mehrere Freizeitbeschäftigungen, darunter viele Tier- und Vergnügungsparks. Wer weiß, vielleicht sehen Sie ja auch die Königsfamilie, denn die verbringt Ihren Urlaub liebend gern auf Öland.

# NORDSCHWEDEN

Im Norden Schwedens finden Sie die „wahre" Wildnis. Hier herrscht eine äußerst reiche Artenvielfalt. Darunter Vielfraße, Bären und Polarfüchse. Aber auch die Rentierzucht wird hier betrieben und beeindruckenden Bergketten sowie kristallklare Seen sind hier keine Seltenheit. Die unberührte Natur Nordschwedens werden Sie vor allem im UNESCO-Welterbe Laponia vorfinden. Ein riesiges Territorium, welches mehrere Nationalparks und Naturreservate umfasst. Hier werden Sie mit Ihrem eigenen Husky-Gespann Touren machen können, ebenso mit dem Schneemobil und dem Rentierschlitten.

Wenn Sie also ein Aktivurlauber sind, der Schnee und Kälte liebt, sind Sie in Nordschweden, vor allem in Lappland, genau richtig. Im Sommer können Sie hier Wildnis-Tracking sowie den berühmten Königspfad, den „Kungsleden", abwandern. Auch die schon erwähnten Eis- und Baumhaushotels bieten hier außergewöhnliche Übernachtungsmöglichkeiten. Das einzigartigste Erlebnis, welches Ihnen hier wahrscheinlich widerfahren wird, sind die berühmten Nord- und Polarlichter. Diese werden

Sie über dem arktischen Himmel Schwedens beobachten können.

# Schweden lieben gelernt?

**U**nd haben Sie Schweden schon lieben gelernt? Wenn nicht machen Sie trotzdem einen Urlaub in diesem wunderschönen, vielfältigen Land. Vor allem, wenn Sie Aktivurlauber sind, sind Sie hier genau richtig. Man kann von Schweden nicht einfach nur berichten und Bilder zeigen, denn Schweden muss man erlebt haben.

# Packliste

## Geld & Finanzen

O (evtl.) Auslandswährung
O Bargeld
O Bauchtasche
O Brustbeutel
O Bauchtasche
O EC-Karte
O Kreditkarte
O Notfall-Telefonnummern der Banken
O Portmonee

## Hygiene

O Haarbürste / Kamm
O Deo (klein)
O Shampoo
O Kulturtasche
O Sonnencreme
O Taschentücher

O Reise-Zahnbürste und Zahnpasta
O Verhütungsmittel

## Kleidung

O Badeklamotten
O Gürtel
O Hosen kurz / lang
O Mütze / Cap / Hut
O Pullover
O Regenjacke
O Schlafanzug
O Socken
O Sonnenbrille
O Sportklamotten / Jogginghose
O T-Shirts
O Unterwäsche

## Medikamente

O Blasenpflaster
O Anti-Durchfalltabletten
O Erste-Hilfe-Set

O Fiebertabletten

O Fiebertabletten

O Mückenschutz

O sonstige Medikamente

O Pflaster

O Kopfschmerztabletten

## Unterlagen & Papiere

O ADAC Unterlagen

O Adresslisten für Postkarten

O Krankversicherungsnachweis

O Stadtplan

O Führerschein

O Unterlagen für die Unterkunft

O Wasserdichte Hülle für Reiseunterlagen

O Impfausweis

O Mietwagenunterlagen

O Personalausweis

O Reisepass

O Reisetagebuch

O evtl. Studentenausweis

O evtl. Visum
O Zug- / Bahn- / Flugticket

## Taschen & Rucksäcke

O Koffer / Trolley / Reisetasche
O Regenhülle für Rucksack
O Rucksack

## Schuhe

O Badeschlappen / Hausschuhe
O Schuhe und Wechselschuhe

## Sonstiges

O Brille / Kontaktlinsen und Etui
O Buch zum Lesen
O Ohrenstöpsel und Schlafmaske
O Regenschirm
O Reisedecke
O Wasserflasche
O Wörterbuch

## Elektronik

O Digitalkamera
O Handy
O Ladekabel
O Kopfhörer
O evtl. Steckdosenadapter
O Power-Bank

Herstellung und Verlag:

BoD – Books on Demand, Norderstedt

ISBN: 9783750494688

1. Auflage

Kontakt: Psiana eCom UG/ Berumer Str. 44/ 26844 Jemgum

Covergestaltung: Fenna Larsson

Coverfoto: depositphotos.com